Tony Stark est
Iron Man !

Okoye défend le Wakanda.

Le Docteur Strange possède d'incroyables pouvoirs.

Red Skull est l'ennemi juré de Captain America.

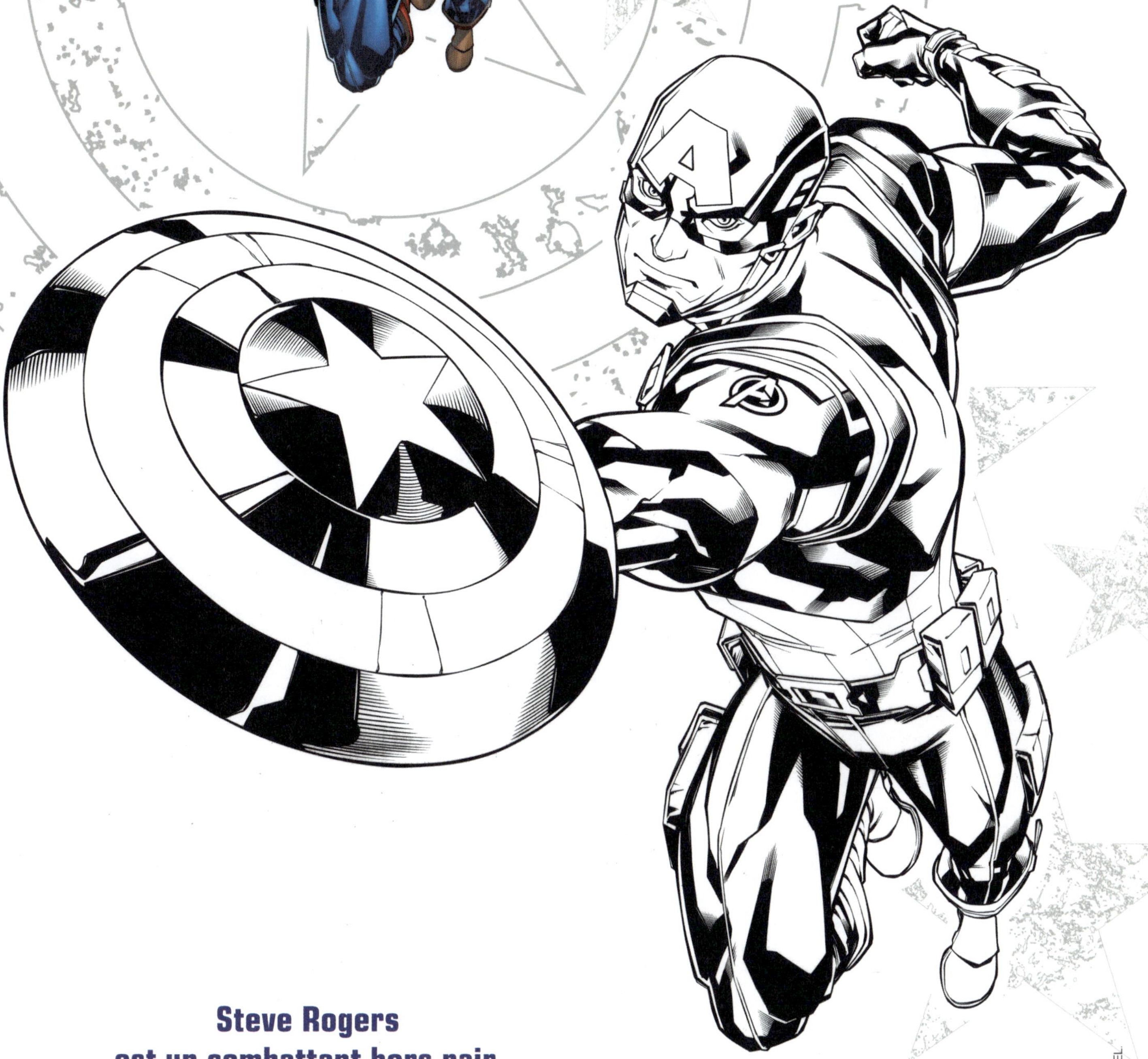

Steve Rogers
est un combattant hors pair.

War Machine utilise une puissante armure.

Lorsque Hulk est en colère, rien ne l'arrête.

Thor est
le prince d'Asgard !

Loki utilise ses pouvoirs
pour servir
ses propres intérêts.

Le Faucon
domine le ciel.

Black Panther
utilise de la haute
technologie.

Ant-Man
est un héros surprenant.

Hawkeye ne rate jamais sa cible.

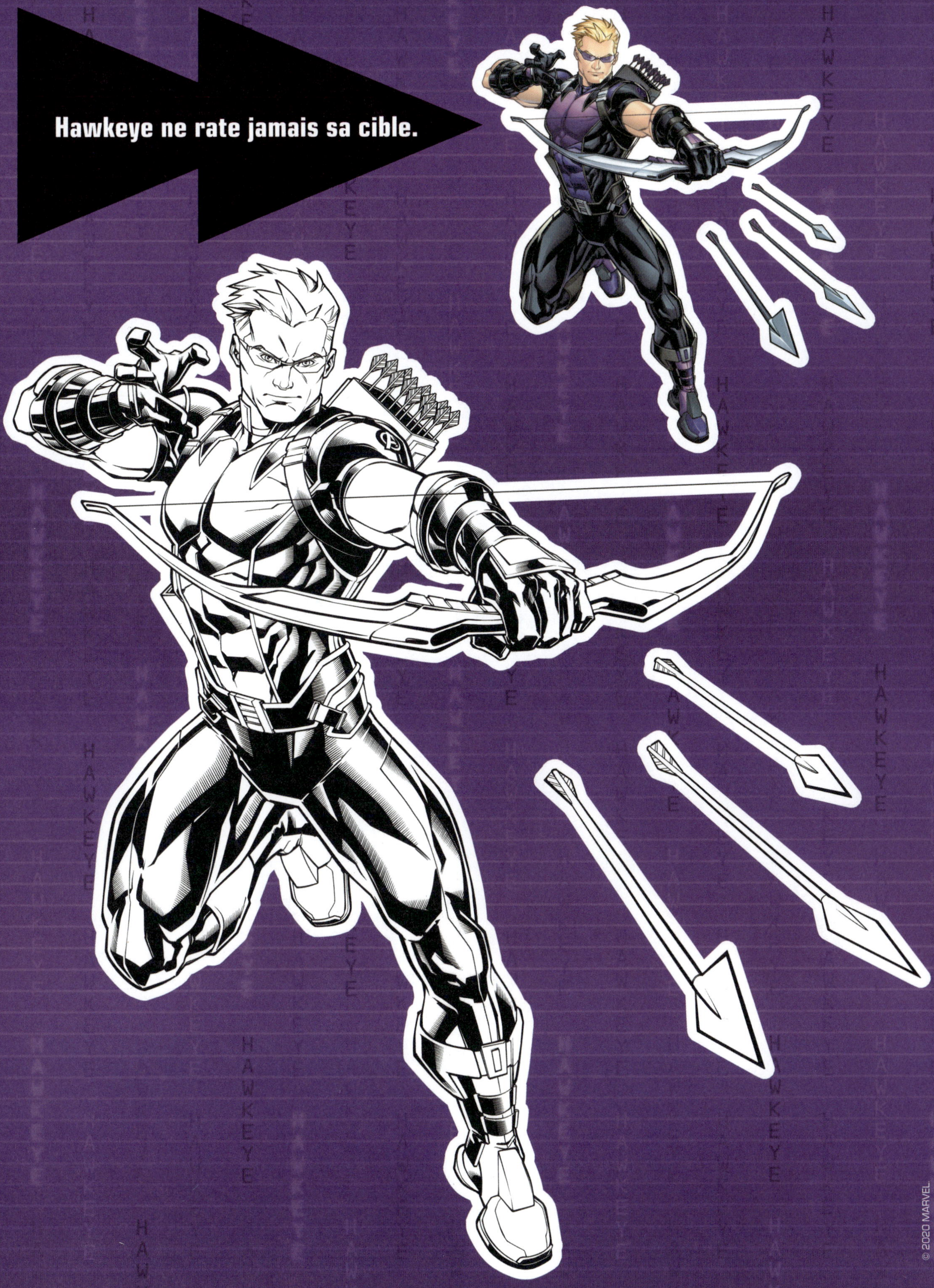

Black Widow
est une espionne
du S.H.I.E.L.D.

La Guêpe possède
un costume qui
lui confère
des pouvoirs
fantastiques.

Vision
a été créé par Ultron.

Nick Fury
est le directeur
du S.H.I.E.L.D.

Thanos ne laissera personne l'empêcher d'accomplir son destin.

Captain Marvel
est très puissante !

Hulk possède une force hors du commun.

Seul le Hulkbuster permet
à Iron-Man de rivaliser avec Hulk.

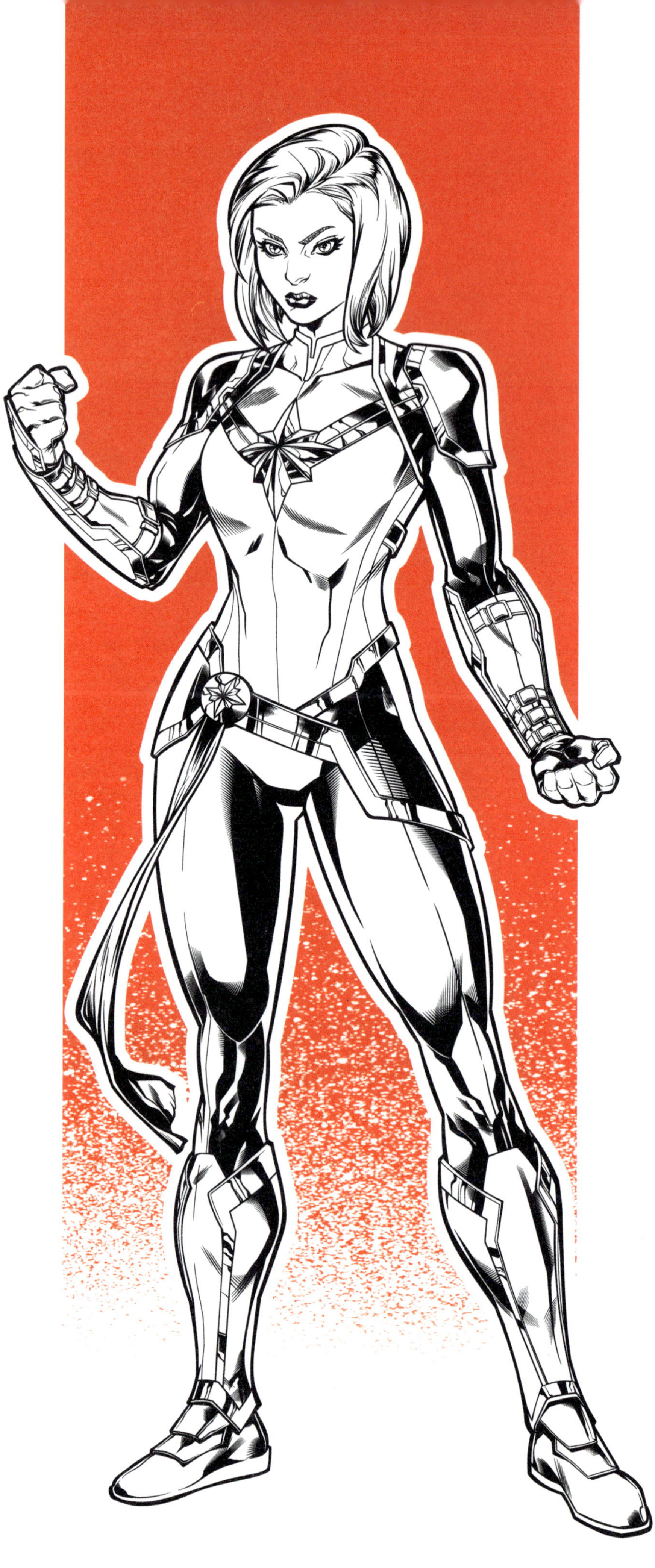

Carol Danvers fait jaillir des jets d'énergie de ses mains.

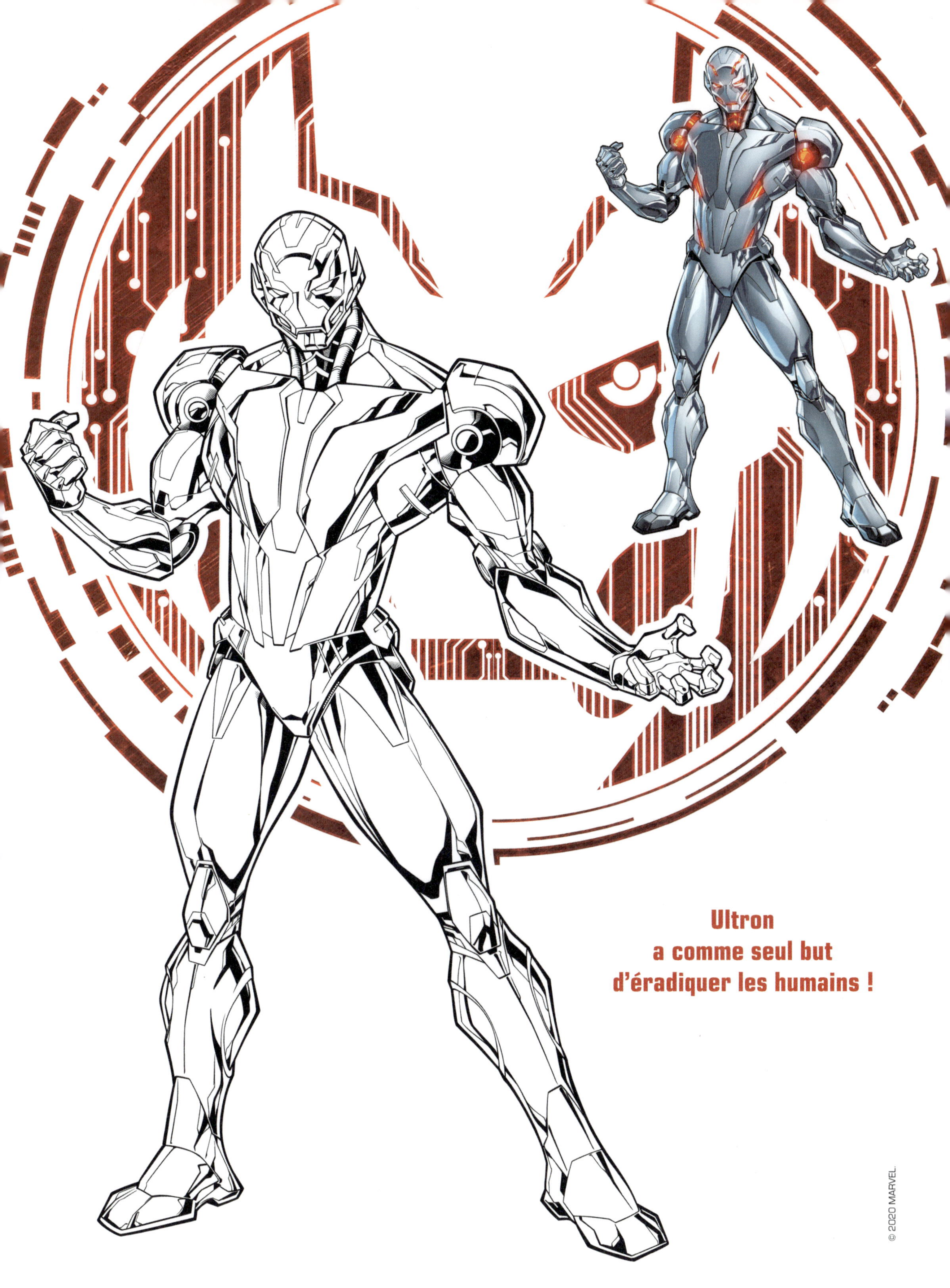

Ultron
a comme seul but
d'éradiquer les humains !

**Shuri
est la sœur
hyperdouée
de Black Panther.**

Thor
libère le pouvoir
de la foudre.

Il ne faut jamais
sous-estimer
Black Widow !

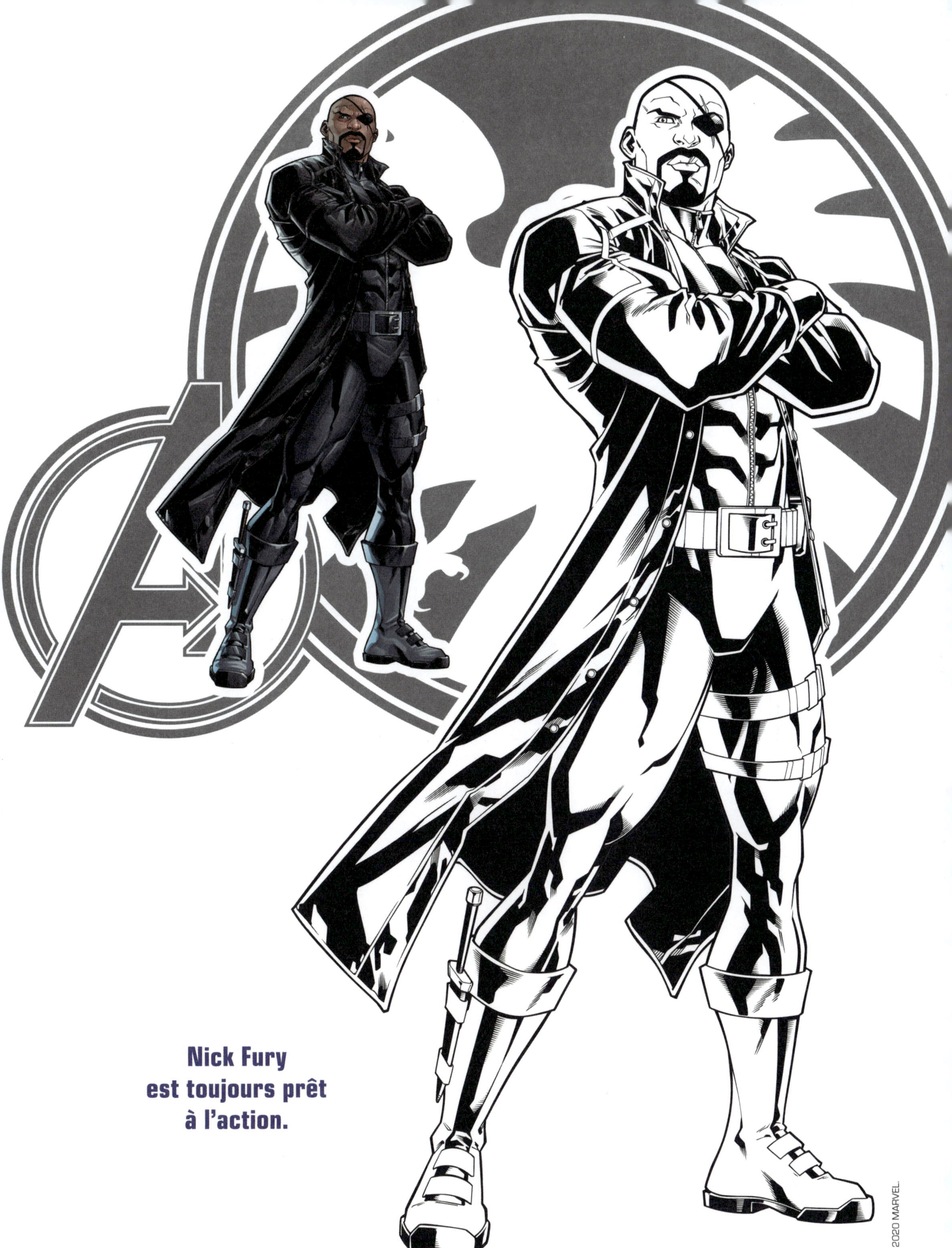

Nick Fury
est toujours prêt
à l'action.

Les ailes du Faucon ont été fabriquées au Wakanda et lui permettent de voler.

Bucky possède un bras artificiel.

Iron Man
est un leader naturel.

Captain America
est sincère et courageux.

Docteur Strange maîtrise les arts mystiques.